boeken

Toegekend door Cito i.s.m. KPC Groep

De Nederlandse
Kinderjury
2013

1e druk 2012

ISBN 978.90.487.1079.9
NUR 272/287

© Uitgeverij Zwijsen B.V. Tilburg, 2012
Tekst: Monique van der Zanden
Illustraties: Martijn van der Linden
Vormgeving: Marieke Nelissen, le petit studio

Voor België:
Uitgeverij Zwijsen.be, Antwerpen
D/2012/1919/95

han en haas

Monique van der Zanden
met tekeningen van
Martijn van der Linden

wim

dag, ik ben wim.
ik woon fijn.
ik woon in *han en haas*.
mm, ik eet en ik lees.

mm, ik lees en ik eet.
ik lees h – aa – s.
ik eet aa.
ik maak een gat.

een gat en nog een gat

ik eet een gat in het vel.
was daar een k of een v?
kaas.
vaas.
nee, het was een h.

haas zit
in het bos.
hij eet.

een gat en nog een gat.
was daar een h of een k?
han.
kan.
nee, het was een p.

han zet de
pan op het vuur.

han

ik ben han.
ik hak een boom
om.
ik maak van de
boom een kar.
of maak ik een
hut?

of een vuur of een paal?
nee, ik weet het al.
ik maak een paar klompen.

er zit een gat in het vel.
wat wil han?

oo, nee

kijk, haas.
ik maak de zee.
en ik maak de zon en
een boot.
er zit een vis op
de boot.
hij zit fijn
in de zon.

ik maak een bos, han.
in het bos is een fee.
de fee heet roos.
oo, nee.

nee, ik heet wim!

wim wil los

mm, ik eet een ee en een v.
ik eet een oo en nog een oo.
wat is dat fijn.
ik wil nog meer.

rook

peen

uur

b

mm, ik eet een o en een v.
ik eet een ee en een oo.
hee, wat is dat?
oo, oo, ik wil los.

een hol

hee, ik lees!

bas is de baas

Mark Janssen

dag tim en aap pim

Riet Wille en Loes Riphagen

han en haas

Monique van der Zanden en Martijn van der Linden

ik wil geen kus

Hans en Monique Hagen
Philip Hopman

kas bijt de zon

Bette Westera en Claudia Verhelst

hee, ik lees!

kom je mee naar de zee?

Selma Noort en Jeska Verstegen

hee, ik lees!

mus en mol

Annemiek Neefjes en Sanne Duijf

hee, ik lees!

wat fijn om zes te zijn

Daniëlle Schothorst

hee, ik lees!